Esencia de un alma en vela
Respuesta a puño y letra... es vivir la vida en prosa

ISBN: 13- 978-0615915890
ISBN 10- 0615915892

ESENCIA DE UN ALMA EN VELA: RESPUESTA A PUÑO Y LETRA... ES VIVIR LA VIDA EN PROSA

En estas líneas aquí aspiro a dejar un poco de mí contigo...

Carmenelisa Pérez-Kudzma

ÍNDICE TEMÁTICO

I) __INTRODUCCIÓN__

VIVIR LA VIDA EN PROSA

Yo vivo la vida en prosa,
siento la carga en estrofa,
y canto el verso en lamento
de todo lo que yo siento y
hasta lo que se lleva el viento.

II) PATRIA, IDENTIDAD, Y NACIONALISMO

RICKY Y BENICIO
(Contestación amiga a doble ciudadanía)

¡Ricky y Benicio no se engañen!
La honra no se viste ni con sastre,
la patria no se vende ni se compra
ni a cambio de un escudo y mucho alarde.

Ricky y Benicio no nos falten,
dando alardes de grande,
dando saltos cobardes
que no hay patria tan grande y tan bella
como lo que canta la Borinqueña.

¡Ricky y Benicio no se espanten!
La roja y amarilla no es candela
que tape la belleza de la estrella
que adorna nuestra bandera.

Ricky y Benicio no se olviden
que se es de dónde uno viene;
que el que es, valora lo que tiene
ya que ser grande viene de adentro,
ser grande es ser bien nacido
y ser alguien es ser bien criado
ya que se lo deben a su madre
que no es ninguna si no preciosa la borinqueña.

Ricky y Benicio entendemos
que en la tierra del Quijote sos herederos,
pero ojo, ¡no verdaderos!

Ricky y Benicio siempre entiendan
que aquí se habla sin censura
ya que hay libertad como en ninguna
capaz de aceptar toda locura
y perdonar toda diablura.

¡Ricky y Benicio no se asusten!
Borinquen los quiere hoy como antes
y este canto no es en son reprochante
si no con aires avisantes;
pero el pueblo necesita
expresar lo que aquí amerita,
que al corazón agita
y la consciencia grita.

Ricky y Benicio entendemos
aquí no hay rey ni castillos
pero hay tesoro bravío
que crea magníficos críos
con sangre de madre patria,
escudo de americanos,
y orgullo borincano.

LA CARAVANA DEL CUCUBANO

Al fondo del horizonte
se divisa la mañana...
y se van en caravana los felices cucubanos
al acabar la jornada
que es alumbrar con encanto
las montañas de mi Isla del Encanto.

Cucu...Cucu...Cucubano
dame la mano amigo
al alumbrar mi camino
que yo quiero caminar contigo.

Cuando viene la mañana
es que duerme Cucubano
entre montañas de suelo santo
en mi Isla del Encanto.

Amanece en la noche
y en las montañas de mi tierra brilla
aquel que con orgullo habita
en tierra santa y bendita.

Brilla en la sombra,
Brilla que brilla...
con lámparas de luz palpita
y al cielo con su esplendor ilumina.

Cucu...Cucu...Cucubano
dame la mano amigo
al alumbrar mi camino
que yo quiero caminar contigo.

Lámpara de la noche,
linterna de madrugada
regresen a la montaña y
alumbren la gran llanura
de mi patria bendita
como saben hacer solo los Cucu...Cucubanos.

No se pierdan en la noche,
no se escondan ni en reproche
que no hay quien con más honra habita
y con tan esplendor ilumina
a mi patria bendita que tu...Cucu...Cucubano.

LA VERDAD EN BICICLETA

Ya sé que vivimos como marionetas
en un mundo en carencia
y lleno de camionetas
colmado de razones y sin sabores
que no dan ganas si no de salir en bicicleta.

Ya sé que vivimos a punto de rabietas
y con gana de salir con todo y maletas
del mundo que gasta consciencia,
y duerme en ausencia,
para acabar colmado de deudas
que no se pagan a hacienda
ni las cuenta la ciencia.

Ya sé que morimos dormidos
colmados de ciencia diestra
y con vida de apuestas
sin forjar una meta,
sin volar la consciencia,
y sin sentir las vivencias
que brinda decir la verdad en bicicleta

RIMAS A MI PUEBLO EN QUEBRANTO

Rimas de canto amargo,
citas de esfuerzo en alto,
son aquellas las estrofas
que en mi vida yo escribo,
y que en mi Isla yo he vivido.

Estrofas de dulce canto,
que alimentan tus encantos
y que acentúan tus quebrantos,
son aquellas las que canto,
y que en mi vida yo escribo
cuando al mundo yo bien miro
lejos de mi Isla del Encanto.

Versos de justo rezo
transcribo yo en lo Divino;
mas si aún no consigo
librarla de tal mal sino
que es el mundo ya vivido
y una situación sin destino.

Mas ahora yo ya entiendo
que mi orgullo de poeta
no es más que un papel sin letras
si no puedo devolver a ti grandeza
con mis letras de levanto,
con mis versos de promesa,
y mis estrofas de entereza.

A mi isla yo le escribo
con el corazón en quebranto,
no te vuelvas un legado
si no una cima de encanto
y orgullo en todo canto.

EL PRÓXIMO PROCER

Miro atrás y me acuerdo
de los días que en la escuela yo estudiaba
y materias que aprendía;
las cuales siempre entendía, y
llenaban de gozo mi día.

Miro atrás y me acuerdo
de cursos de habla española,
cuentos de nuestra patria,
los cuales hablaban de gloria
y futuro en esos días.

Miro atrás y me acuerdo
estudiar poetas sin fobia
que imaginaron un mundo de gloria,
dirigieron un pueblo en euforia
y plasmaron el lienzo de historia.

Miro atrás y me acuerdo
estudiar a mil y un filósofo,
que a la vez era poeta, doctor o letrado en ciencias,
forjándome más mis metas
con ejemplo de héroes profundos
que no hacen más que cambiar a los mundos.

Miro atrás y me acuerdo,
y con pena yo bien digo,
que se acabaron próceres facundos
y murieron sentimientos profundos
al igual que el futuro del mundo
a menos que se cambie hoy el rumbo.

Miro atrás y me doy cuenta
que el tiempo no es más que un segundo,
el ocio no más que infortunio
y el respiro sabor de un augurio
que late y habita en el corazón con conciencia
forjando en sólo segundos
al próximo prócer de este mundo.

III) <u>EXISTENCIALISMO Y PENSAMIENTO METAFÍSICO</u>

MIRÉ

Miré al cielo
y te vi latente
ya que del miedo
libré mi mente.

Miré el sol
y encontré la vida
que yo creía escondida.

Miré el mar
y encontré esperanza
que ni en el cantar
lograba justa balanza.

Lo miré a El
y viví,
miré su luz
y reviví.

LA VIDA DA MUCHA ESPINA

La vida da mucha espina
dolorosa y con espiga,
hiriente como el castigo,
que hace juego conmigo.

Sufrimiento hay en la vida
pero a mí ni amedrenta ni intimida
ya que yo reprendo la vida
con látigo fuerte en comitiva.

Derrotas siempre hallarás
en tal rudo camino,
pero dale duro al sino
y triunfo encontrarás.

Si tienes aún la vida
rompe con la falacia,
y llénate tú de gracia,
dándole duro a tu vida.

LA HIUDA DEL AVE

Toda ave ansia huída
hacia el cielo de su vida
al salir en gran huída
y sin miedo a la herida.

Si crees parecerte al ave
en el ansia de la ida,
ya que tú quieres vida
libre, sana y muy altiva,
haz como las aves
que vuelan hacia el triunfo.
sin pena ni miedo al mundo.

YO SERÉ PRESIDENTE

Son mis sueños muy variados
pero pocos son mi hado,
los cuales lloran, gritan y sienten
el ansia de ser presidente.

Son muchos años futuros
que falta para tumbar el muro;
el muro de la inercia,
pero no de la conciencia.

Son muchas las rocas muertas
que dejaré en el camino
ya que ese es mi destino
y nadie opacará mi sino.

Son muchos los que se burlan
de tal meta y anhelo
es por eso que yo ruego
que mi honra los aturda.

Son muchos los presidentes
que por Washington han pasado
pero son pocos los conscientes
que han dejado tal legado.

Son muchos los que sin ansias
han llegado así tan alto
pero yo con un gran salto
lograré el gran canto.

Son muchos así temores,
y más aun los temblores,
pero más los dolores
que habrán en mi destino
y fortalecerán así mi sino
en tal arduo camino.

CANASTOS DE TODO JUEGO

Volar en las alturas
es lo que me embruja;
y saltar sin molestia alguna
será siempre mi bravura.

Como resorte en fuego
llego yo siempre al canasto,
y como todo gran astro
doy siempre yo grandes saltos.

Como rayo en carrera
derroto toda barrera
y sacio toda locura
de saltar toda barrera.

Ahora quien brilla es Jordan
en tal deporte de fuego
pero nunca apagaré mi fuego
ya que seré más que Jordan.

LA GRANDEZA DEL ESPEJO

Una noche mire al cielo
en busca de consuelo
o simple solución a ruegos.

Una noche mire al cielo
en busca de un horizonte
o simple sabio conforte.

Una noche mire al cielo
en busca de una respuesta
a tanta sobria tormenta.

Una noche mire al cielo
y sentí tanto consuelo
que ya el cielo brindó consejo
al mostrarme a mí un espejo.

LOS JUEGOS DEL DESTINO

Desde lejos yo admiro
la grandeza del destino
que traza siempre el camino
de todo sabio sino.

Desde lejos miro al cielo
que me ha dado a mí el destino
con mas que sabio atino
y sin dejarme en el olvido.

Desde lejos yo sonrío
a los juegos del destino
que van forjando todo camino
sin dejarme en el olvido.

LA RAZÓN DE TODA ÉPOCA

Mas si aun yo pudiera
predecir el rumbo de la rivera
sería yo un alma cualquiera
y sin temor yo viviera.

Mas si aun yo entendiera
el rumbo del horizonte
y el dolor de todo hombre,
que marca siempre su nombre,
viviría yo solo en pose.

Mas si aun yo así fuera,
paloma de mar y pradera,
aprendería de cualquiera
sin entender a quien viera.

Mas si aun yo viviera
el rumbo de la frontera
sin dolor en las praderas
o suspiro en las laderas
sería solo un alma sin facetas.

EL FIN DEL BUEN VIVIR

Se intenta tanto vivir
y al mundo predecir
que unos y otros dirían,
¿Cuál es el porqué del solo vivir?

Se intenta tanto reír
y al mundo sin pauta sonreír
que unos y otros dirían,
¿Cuál es el porqué del solo vivir?

Se intenta tanto correr
y al mundo sin pena dirigir
que unos y otros dirían,
¿Cuál es el fin del buen servil?

Se intenta tanto pensar
y al mundo tratar de aprender
que unos y otros dirían,
¿Cuál es el fin del sentir?

SILENCIO DE MAR ADENTRO

Para saber lo que siento
hay que mirar desde adentro
y escuchar el lamento
de los labios en silencio.

Para entender lo que siento
hay que nadar mar adentro
y cautivar el momento
del silencio del lamento.

Para decir lo que siento
hay que buscar bien adentro
las palabras del momento
y despertar el momento
que en los años de lamento
opacó lo que viendo siento.

FUTURO NO ES CIENCIA CIERTA

La vida es incierta,
tal como el nacer y el morir,
pero lo que es cierto es que hay gente muy diestra
que tantas veces no acierta.

Si hay algo a ciencia cierta
es que hay una mano diestra
que encamina y nos da rienda,
a veces libra tormenta,
otras cuida la siesta
y tantas veces acierta
al forjar la cuesta
y la meta.

IV) <u>A TI MADRE</u>

A TI MADRE... EN EL DÍA DE LAS MADRES

A ti que me has dado la vida,
no tengo palabras para agradecértelo
hoy en tu día,
el día más bello de esta vida.

Tú que me has querido tanto,
me enseñaste a hablar y caminar...
madre querida cuanto te quiero!

Aquí en esta carta
no se puede ni expresar
toda la alegría que siento
y por eso termino con estas palabras:
"Gracias Mami Querida"

¿SABES MAMITA?

Tú me amas y me quieres
y sufres todo por mí.

Tú me cuidas y das vida,
madrecita querida.

Con oraciones,
con sacrificios,
y con mi corazón lleno de amor
he preparado tu lindo día.

HOY

Hoy estoy aquí presente
con orgullo de valientes
para tener siempre en mente
como llegué a ser presidente.

Hoy he sido yo elegida
para regir con gran medida,
siendo siempre comedida
y en todo tramo de vida.

Hoy yo miro recto al cielo
y doy gracias al Maestro
por librar de mi aquel miedo
que hubo antes en mi cielo.

Hoy recuerdo aquellos días
en que yo solo soñaba
y con miedo añoraba
el llegar de estos días.

Hoy doy gracias a mi madre
la cual hizo de mi un alguien,
a quien todos hoy aplauden
desde Rusia hasta los Andes.

Por eso yo hoy les digo
que yo ser presidente
se lo debo a mi madre
quien ha sido la creadora
de quien preside aquí ahora.

ANSIA LOCA

Con ansia loca pido tu pecho,
pido consuelo, madre del cielo.
Tu voz me hizo como hechizo
que Dios hizo en la creación.

Son pocas las simples palabras
que mi corazón aguanta
y que en dolor canta
ramo de tristes palabras.

Es por eso que la herida
que tu voz aquí plasma
hace duro el camino
que por ti yo camino.

PERDÓN

Perdón te pido
si te he herido
madre querida
dadora de vida.

Perdón te ruego
y pido consuelo
por todo aquello
que quebró tu pecho.

Perdón anhelo
y ni en el cielo
de todo vuelo
socorro quiero.

Perdón de madre
yo solo pido
ya que una madre
solo una uno tiene en la vida.

LA MODISTA
(A mi madre en mi graduación)

Aquí solo plasmo
un poco de mi plasma;
fibra de molde latente
eres tú en mi mente.

Hoy en este día
yo te felicito
ya que yo no merito
mérito alguno en mi día.

Tú fuiste la creadora
de tal cuerpo viviente,
es por eso bienhechora
que te felicito ahora.

Felicitaciones gran señora,
que ni el ramo ni corona
premian tan gran creación
de obra de lucha y acción.

Porque tú eres la modista
de tal traje que es la hija,
en este día la felicitación
la merece la modista.

Madre es la modista
de tal traje que es la hija
corona solo a la modista
creadora del modelo de la hija.

LO QUE SE PUEDE DECIR DE MI MADRE

¿Que se puede decir de mi madre?
Fuerte como un roble
pero noble como un ángel.

¿Que se puede escribir de mi madre?
Que cose como un sastre,
trabaja como nadie
y lucha entre gigantes.

¿Que se puede admirar de mi madre?
Su llama de fuego interior
que no apaga ni el dolor
y soporta todo calor.

¿Que se puede encontrar en mi madre?
Bondad, ternura y amor
es su gran fortaleza interior
que mueve mi vida y razón
con tantas cascadas de amor.

DECLARATORIA DE AMOR A MI MADRE
(El día del temblor a las 9:56 P. M. en Puerto Rico, a
mi madre)

Sin duda alguna diría
en éste y todos los días
que sin ti jamás yo viviría.

Sin duda alguna cantaría
al mundo toda mi vida
ya que por ti yo la alagaría.

Sin duda alguna gritaría
al mundo tu valentía
que me ha dado a mi justa hidalguía.

Sin duda alguna te diría
a ti madre mía
que junto a ti moriría
ya que sin ti yo sufriría.

HORAS DE LARGA ESPERA

Aquellas son las horas
que al corazón acongoja;
que a la razón demora
y que al alma marchita.

Aquellas horas en vela
que inundan a uno en pena
y alargan aún más la espera
del hijo que de la guerra no llega.

Horas de larga espera
es angustia con silencio en blanco,
y sabor de gusto amargo
que en boca de madre habita
al escuchar el trago amargo y
al sentir desde lo alto
sudor de su hijo santo
que ya en su cuerpo no habita.

V) AL HIJO

POEMA AL HIJO ADORADO

Nunca me imaginaría
tal anhelo vivido
hoy y todos los días
cuando a ti de lejos atisbo.

Anhelo del mundo vivido
en ti veo gran espejo;
en ti fijo mi credo
y por ti vivo en el mundo en anhelo.

Sorpresa de tan gran gloria
es sentir el mundo contigo,
es vivir tu rumbo mi amigo,
y soñar a todos contigo.

Jamás soñé con tal gloria
que es sentir tu vida conmigo,
que es vivir momentos contigo
y al final morir con tu abrigo.

HIJO AMIGO

Mirar con ojos de gloria
es soñar contigo mi hijo

Mirar al mundo en victoria
es sentir en mí tu suspiro.

Mirar la luna en olvido
es soñar el mundo contigo.

Mirarte a ti, mi gran hijo,
es la gloria que viene contigo
y vivir senderos mi amigo.

El ABRAZO DEL HIJO AMADO

Son tantas las cobijas
que me han dado abrazo;
pero son solo las manos
de mi hijo amado
que me han secado el llanto.

Son tantos los cantos
que me han librado y hecho;
pero son solo tus besos
que me han dejado preso.

Son tantos los aplausos
que me han alzado el ego;
pero son solo tus rezos
que me han cuidado el lecho.

Son tantas las caricias
que me han marcado el cuerpo;
pero son solo tus risas
que me han tocado el alma
sin necesidad de mil palabras.

VI)   <u>OTROS</u>

GRACIAS A MIS GRANDES

Muchos años han pasado
que mis escritos bien puestos
han dado alardes a grandes,
como mi madre bendita,
que en mi corazón siempre habita.

Mucho tiempo ha pasado
del día que a mi bendita yo alago,
no es ella mi madre bendita,
pero mi fuerza de vida
que es sin duda Tía Juanita.

Pero mucho más tiempo ha pasado
que no le doy justa honra
a quien me crió santo hijo,
y que generó su dulzura
ayudando su encanto
y dirigiendo a grande santo
que al final le cantara su gran canto
a su santa Titi Vete.

LEGADO DE UN HOMBRE SABIO
(A un amigo querido)

Son pocos los hombres justos
que brindan al mundo tanto;
mas sin ansias ni adelantos
cambian el rumbo de los sabios.

Grandeza de alma blanca,
de bondad pura y sincera
que ciega y bien deslumbra
hasta santos y letrados.

Pon tu frente bien en alto
que no hay oro ni diamantes;
diplomas ni castillos
que equivalgan a tu brillo.

Son tus actos, tu belleza,
que te llenan de grandeza
y bien son la riqueza
que tantos buscan los sabios.

Bañado de gran nobleza
ya eres tú mi realeza
gran ejemplo de consciencia
que llevaré en mis vivencias.

VII) <u>CONCLUCIÓN</u>

CANTO CON VIENTOS DE CAMBIO

Y el viento le preguntó al pájaro
del porqué de tanto canto
y la razón de su gran llanto...

El pájaro miró al cielo
y le respondió así al viento:
"Yo lloro hoy en quebranto
porque el viento no dio cambios,
porque el hombre justo y sabio
ya no existe ni en los sueños
de los santos.

Y el viento le dijo al pájaro:
"Ya no cantes en quebrantos
ni llores por justos sabios...
da tú el gran salto,
cambia tú el quebranto
y toca con pico santo
al que vive aquí bien alto.

www.pklolaw.com

www.carmenelisa.com

www.ingramcontent.com/pod-product-compliance
Lightning Source LLC
Chambersburg PA
CBHW071436040426
42445CB00012BA/1375